Charles Benoist

L'Anarchie provoquée

Essai

ISBN : 978-1981451371

10 9 8 7 6 5 4 3 2 1

Charles Benoist

L'Anarchie provoquée

Essai

Table de Matières

Introduction

Ce pays-ci est malade. Quelque chose du moins est malade en lui : il n'y a ni à nous le cacher, ni à le lui cacher, ni à essayer, par piété ou par pudeur, de le cacher à personne. La vraie pudeur n'a pas de ces fausses hontes qui peuvent être mortelles, et la vraie piété consiste, aux heures critiques, à dire tout haut les vérités qui peuvent être salutaires, pendant qu'elles peuvent l'être, et puisque c'est le seul moyen qu'elles le soient.

Le médecin politique qui, penché sur ce corps le plus souvent inerte et parfois frémissant, aurait observé depuis une quinzaine d'années les alternatives d'abattement et d'agitation par lesquelles nous avons passé, depuis une quinzaine d'années aussi aurait fixé son diagnostic, et n'aurait aucune peine à nommer, sinon à guérir notre mal. Le cheminement en est resté longtemps couvert, et puis il a tout à coup éclaté au grand jour. Nous avions dans le sang le vice dont les incidents du Midi ont été comme l'éruption, comme la manifestation à la peau. Parce que la récolte du vin, naturellement ou par artifice, s'est révélée trop abondante, et sa vente trop difficile ou trop peu rémunératrice, le premier venu se fait « rédempteur » et, un moment, se ferait, s'il le voulait, empereur ; l'autorité établie s'abolit, de nouvelles autorités surgissent, l'opinion s'emporte, dérive et tourne en boussole affolée, trois départements se fédèrent, la vie municipale est supprimée, la vie sociale suspendue, la vie nationale troublée et inquiète. Un énorme abcès, irrité au point qu'il y faut porter le fer et le feu, couvre toute une province.

Nul doute : c'est l'anarchie, sous la pire de ses formes, cette espèce d'anarchie sourde, lente et dormante, qui, s'insinuant partout, à la longue corrompt tout, qui dissocie et qui dissout, dans l'accoutumance hébétée de laquelle les peuples et les gouvernements somnolent jusqu'à ce qu'elle les tue, et qui les empoisonne en quelque sorte à terme par la décomposition de l'ordre et la putréfaction de la liberté.

Section I

Il y a, en effet, deux sortes, au moins, d'anarchie : dans les rues et dans les esprits. Il y a l'anarchie active que quelques-uns affirment cruellement par la bombe ou par le poignard, et l'anarchie passive à laquelle presque tout le monde sacrifie, lorsque chacun ne fait pas ou fait mal ce qu'il a à faire. Il y a l'anarchie *contre* les pouvoirs publics, qui nie ces pouvoirs, qui veut les détruire, celle qu'on voit ; et il y a celle qu'on ne voit pas, celle qu'on ne voit que trop tard, l'anarchie *dans* les pouvoirs publics, qui s'installe au siège, au cœur même de ces pouvoirs comme lever dans le fruit, et qui, les rongeant du dedans, peu à peu les creuse, les vide, les fait tomber. De ces deux sortes d'anarchie, la première est la plus bruyante, la seconde est la plus dangereuse. Des chefs d'Etat peuvent être victimes de l'une, l'Etat lui-même meurt sûrement de l'autre. « Avez-vous, demande Carlyle en un passage célèbre d'un de ses *Pamphlets du dernier jour*[1], avez-vous jamais entendu parler d' « Anarchie constituée ? » L'Anarchie, l'étouffant, l'accablant, meurtrier et mortel Gouvernement du Pas-de-Gouvernement… Un Gouvernement roulant et dérivant, parmi les tourbillons et les déluges de boue, flottant là-dessus à la vue de tous, comme une carcasse d'âne à demi noyée. » L'expression, à coup sûr, est rude, mais l'idée est juste. C'est la plus détestable des anarchies que le Gouvernement du Pas-de-Gouvernement.

Plus difficilement perceptible, car elle est secrète, passive et d'inertie, on la reconnaît pourtant à bien des marques, et depuis longtemps, chez nous, les symptômes en étaient certains : oui, depuis quinze ans, et peut-être davantage. Symptômes et causes à la fois, si l'anarchie se propage par ondes de plus en plus larges, fait pour ainsi dire tache d'huile inflammable, et si tout signe d'anarchie engendre ou étend autour de lui de l'anarchie. De plus en plus, ces causes agissent et produisent leurs effets, qui, à leur tour, immédiatement, deviennent causes : ces symptômes vont s'accentuant et s'accusant de plus en plus jusqu'à l'application ou la non-application arbitraire des lois, jusqu'à la désobéissance catégorique, systématique aux lois, jusqu'au refus de l'impôt, jusqu'à la grève des fonctions civiles, jusqu'à la prédication antipatriotique, jusqu'à la mutinerie militaire, jusqu'à l'acte insurrectionnel, jusqu'au mouvement révolutionnaire, jusqu'à l'attentat qui retourne et retombe au crime de droit commun. Alors s'ouvrent les yeux des aveugles, et les premiers coupables se frappent ou souffrent qu'on leur frappe la poitrine. Mais ils auraient mieux fait de voir, de prévoir et de pourvoir.

D'autant que les symptômes sont les mêmes et se retrouvent dans tous les temps et dans tous les pays. Dans tous les temps : exemple, pour les débuts de la Révolution française, quelques traits que je relève en feuilletant un volume de Taine [2]. Dès le milieu de juillet de 1789, « non seulement le pouvoir avait glissé des mains du Roi, mais il n'était point tombé dans celles de l'Assemblée : il était par terre, aux mains du peuple lâché, de la foule violente et surexcitée, des attroupements qui le ramassaient comme une arme abandonnée dans la rue. En fait, il n'y avait plus de gouvernement ; l'édifice artificiel de la société humaine s'effondrait tout entier ; on rentrait dans l'état de nature. Ce n'était pas une révolution, mais une *dissolution*. » Une misère noire, des disettes, la crainte de la faim, des charges écrasantes y sont pour beaucoup ; mais l'incertitude de l'autorité y est bien aussi pour quelque chose ; en ce crépuscule des dieux qui s'en vont, en cette aube des hommes qui viennent, « le commandement flotte et l'obéissance est moindre. » Trois mois avant, en mars, avril et mai, l'émeute couve et pétille de toutes parts : « Dans les quatre mois qui précèdent la prise de la Bastille, on peut compter plus de trois cents émeutes en France ; il y en a de mois en mois, et de semaine on semaine. » Même sans émeute, dans le calme de la place publique, « ce n'est plus le peuple qui obéit aux autorités, ce sont les autorités qui obéissent au peuple. Consuls, échevins, maires, procureurs-syndics, les officiers municipaux se troublent et faiblissent devant la clameur immense ; ils sentent qu'ils vont être foulés aux pieds ou jetés par la fenêtre. » Voici le grand agent d'anarchie et de barbarie, voici le plus grand révolutionnaire de l'histoire, la peur. Consuls, échevins, maires, procureurs-syndics, la peur les dresse, les talonne, les pique : ils vont marcher devant, de peur qu'on ne leur marche dessus. Dans le Midi (comme naguère), à Cette, « ils sont tellement maltraités, qu'ils lâchent tout : le peuple a saccagé leurs maisons et leur commande : ils font publier à son de trompe que toutes ses demandes lui sont accordées. » Et voici les hallucinations de la peur : « Malheur à tous ceux qui ont part à la garde, à l'acquisition, au commerce, à la manutention des grains ! L'imagination populaire a besoin de personnes vivantes auxquelles elle puisse imputer ses maux et sur lesquelles elle puisse décharger ses ressentiments ; pour elle, tous ces gens-là sont des accapareurs (hier, des fraudeurs), et, en tout cas, des ennemis publics. — « Dans l'Ile-de-France, le bruit court qu'on jette des sacs de farine dans la Seine, et qu'on fait exprès manger le blé en herbe aux chevaux de la cavalerie. En Bretagne, il est constant qu'on exporte le grain et qu'on l'entasse à l'étranger. En Touraine, on est sûr que tel gros négociant le laisse germer dans ses greniers plutôt que de le vendre. A Troyes, on crie que tel autre, commissionné par les boulangers, a empoisonné ses farines avec de l'alun et de l'arsenic. »

Puis voici la fureur, fille de la peur, effet fréquent d'une terreur double. Des bandes commencent à courir le pays : l'armée roulante se mobilise, avec des intentions louches. Des chefs, ignorés, inconnus, se révèlent et s'imposent. « En tout attroupement, c'est le plus audacieux, le moins embarrassé de scrupules qui marche en tête et donne l'exemple du dégât. L'exemple est contagieux : on était parti pour avoir du pain, on finit par des meurtres et des incendies, et la sauvagerie qui se déchaîne ajoute ses violences illimitées à la révolte limitée du besoin. » Ce qui rend cette révolte irrésistible, « c'est qu'elle se croit autorisée, autorisée par ceux-là mêmes qui ont charge de la réprimer. » Aux cris confondus de : Vive le Roi ! et : Vive la liberté ! les paysans cessent de payer les droits, les ouvriers décrètent le prix des denrées, la viande à quatre sous, le vin à quatre sous ; (comme hier encore) dans les provinces du Midi, où les principaux impôts sont assis sur les consommations, on suspend les perceptions au nom de la puissance publique. A Agde, « le peuple menace la ville d'un pillage général si l'on ne baisse le prix des provisions, et si l'on ne supprime le droit de la province sur le vin, le poisson et la viande. » A Limoux, « sous prétexte de rechercher les grains, il pénètre chez le contrôleur et chez les fermiers des impôts, emporte leurs registres et les jette à l'eau avec le mobilier des commis. »

S'il entre là-dedans des motifs et quelquefois des éléments suspects, si « des étrangers, des Italiens, des bandits se sont mêlés aux paysans et aux ouvriers, » si « l'on entend des paroles, l'on voit des actes qui annoncent une jacquerie, » néanmoins, « les nouveautés politiques sont l'étincelle qui met le feu à l'amas de poudre... L'imagination populaire est allée droit au but comme un enfant : les réformes étant promises, elle les croit venues, et, pour plus de sûreté, elle les exécute à l'instant : puisqu'on doit nous soulager, soulageons-nous. » Déjà la foule extasiée appelle le miracle législatif. « Les grands mots ont fait leur effet ; on a dit aux gens que les Etats généraux allaient opérer « la régénération du royaume ; » ils en ont conclu « que l'époque de la convocation devait être celle d'un changement entier dans les conditions et dans les fortunes. » Les seigneurs, les princes, l'Etat, à partir d'aujourd'hui, c'est nous ! « Ils traitent les magistrats en domestiques, édictent des lois, se conduisent en souverains, exercent la puissance publique, et, sommairement… établissent ce qu'ils croient conforme au droit naturel. » Rien ne leur échappe : ici, « le gourdin à la main, ils obligent… un père à donner son consentement au mariage de son fils ; » là, « ils exigent de M. le lieutenant criminel et de M. l'avocat du Roi l'élargissement des prisonniers. »

Bientôt, devant le flot qui monte, « la maréchaussée est découragée. » Les vagabonds affluent surtout autour de Paris. Ils vont par compagnies de cinq ou six cents. « Pendant les derniers jours d'avril, les commis voient entrer par les barrières un nombre effrayant d'hommes mal vêtus et d'une figure sinistre. » Dès les premiers jours de mai, on remarque que l'aspect de la foule est changé : il s'y mêle (comme hier dans le Midi) « une quantité d'étrangers, venus de tous pays, la plupart déguenillés, armés de grands bâtons, et dont le seul aspect annonce tout ce qu'on en doit craindre. » Foule qui a peu à perdre, tout à gagner, et que ses cupidités comme ses souffrances font facilement agressive. Elle n'a même pas attendu, pour s'essayer, l'année 1789. « Le 7 juin 1788, à Grenoble, les tuiles pleuvent sur les soldats, et la force militaire est impuissante. A Rennes, pour venir à bout de la ville révoltée, il a fallu une armée, puis un camp en permanence, quatre régiments d'infanterie et deux de cavalerie, sous le commandement d'un maréchal de France. Mais, de ce côté même, du côté des soldats, il s'élève (comme pour nous hier) une inquiétude. Au mois de février 1789, Necker avoue « qu'il n'y a plus d'obéissance nulle part, et qu'on n'est même pas sûr des troupes. » Moins que sûr. « Le 23 juin, deux compagnies de gardes françaises avaient refusé le service. Consignés aux casernes, le 27, ils violent la consigne, et désormais, « chaque soir, on les voit entrer au Palais-Royal en marchant sur deux rangs… Tous les patriotes s'accrochent à eux ; on leur paye des glaces, du vin (comme à Béziers ou à Agde) ; on les débauche à la barbe de leurs officiers… C'est un régiment perdu pour la discipline : une société secrète s'y est formée… Entre eux et le Palais-Royal, la confédération est faite. Le 30 juin, onze de leurs meneurs conduits à l'Abbaye écrivent pour demander du secours : un jeune homme monte sur une chaise devant le café Foy, et lit tout haut leur lettre ; à l'instant, une bande se met en marche, force le guichet à coups de maillet et de barres de fer, ramène les prisonniers en triomphe, leur donne une fête dans le jardin et monte la garde autour d'eux pour qu'on ne vienne pas les reprendre. — Quant aux autres corps, ils ne tiennent pas mieux et sont séduits de même. « Hier, écrit encore Desmoulins, le régiment d'artillerie a suivi l'exemple des gardes françaises… » Des dragons disent à l'officier qui les mène à Versailles : « Nous vous obéissons, mais, quand nous serons arrivés, annoncez aux ministres que, si l'on nous commande la moindre violence contre nos concitoyens, le premier coup de fusil sera pour vous. » C'est l'*Internationale* avant la lettre, je veux dire avant la musique, car on ne la chante pas, on la parle, ce qui, selon Beaumarchais, est plus sérieux. « Ainsi la force qu'on amène pour réprimer l'émeute ne sert qu'à lui fournir des recrues. Bien pis, l'étalage des armes, sur lequel on comptait pour contenir la foule, fournit la provocation qui achève de la révolter. »

Dans la foule révolutionnaire, deux parts, — sans compter la troisième, qui y est peut-être, mais qui se cache : l'agent provocateur ; — d'une part donc, comme on le vit le 27 avril à la maison du fabricant de papiers peints Réveillon, une tourbe de « 1 500 à 1 600 misérables, excréments de la nation, dégradés par des vices honteux, couverts de lambeaux, regorgeant d'eau-de-vie, offrant le spectacle le plus dégoûtant et le plus révoltant. » D'autre part, l'immense troupeau des badauds, venus pour voir : « plus de cent mille personnes de tout sexe, de tout âge, de tout état, qui gênaient beaucoup les troupes dans leurs opérations » et dont quelques-unes paient cher leur curiosité : « le feu commença, le sang ruissela, rapporte un témoin oculaire ; deux citoyens honnêtes furent blessés près de moi. » Une fois mise en contact avec l'autre, la partie la plus froide de cette foule s'échauffe elle aussi et s'allume ; petit à petit les mêmes étincelles la traversent et la secouent toute. Subitement, et comme naturellement, elle se découvre anticléricale ; sur le passage d'un abbé, elle crie d'abord : « f... prêtre ! » Après quoi il ne tarde guère qu'un ecclésiastique soit « foulé aux pieds, lancé de main en main. » Mais elle est par surcroît, ou elle devient vite antimilitariste. « Dès que paraît un hussard, écrit Desmoulins, on crie : Voilà Polichinelle ! et les tailleurs de pierre les lapident... Hier au soir, deux officiers de hussards, MM. de Sombreuil et de Polignac sont venus au Palais-Royal... on leur a jeté des chaises, et ils auraient été assommés, s'ils n'avaient pris la fuite. » Aussi bien en veut-on encore plus à la police : « Avant-hier on a saisi un espion de police, on l'a baigné dans le bassin ; on l'a forcé comme on force un cerf, on l'a harassé, on lui jetait des pierres, on lui donnait des coups de canne, on lui a mis un œil hors de l'orbite ; enfin, malgré ses prières et qu'il criait merci, on l'a jeté une seconde fois dans le bassin (comme à Narbonne). Son supplice a duré depuis midi jusqu'à cinq heures et demie, et il y avait bien 10 000 bourreaux. » La magistrature, jadis populaire quand les parlements résistaient au Roi, n'est pas, maintenant, mieux respectée : « En février 1789, à Besançon et à Aix, les magistrats sont honnis, poursuivis dans la rue, assiégés dans leur palais, contraints de se cacher ou de prendre la fuite. » A Strasbourg, « trente-six maisons de magistrats sont marquées pour le pillage (comme la préfecture de Perpignan). » Intendants, officiers n'en imposent ni n'intimident plus : « Le commandant de la Bourgogne (comme, en juin dernier, le sous-préfet de Lodève) est prisonnier à Dijon, avec une garde à sa porte, et défense de parler à personne sans permission et témoins. » Celui de Bretagne erre « en vagabond » dans sa province. Enfin ce suprême malheur n'est-pas évité de voir la troupe tirer sur la troupe : « Sur le boulevard, devant l'hôtel Montmorency, des gardes françaises, échappés de leurs casernes, font feu sur un détachement fidèle de Royal-Allemand. »

Tout ce qui est ou tend à être le désordre se trouve ligué contre tout ce qui figure l'ordre. « Tous les pouvoirs sont confondus, anéantis, remarque amèrement une commission provinciale ; la force publique est nulle, tous les liens sont rompus, tout individu se croit affranchi de toute espèce de devoirs, l'autorité publique n'ose plus se montrer et c'est un crime d'en avoir été revêtu. » Dusaulx lui-même, quoique prévenu favorablement, confesse qu'il « a cru assister à la décomposition totale de la société. » Est-ce bien « l'Anarchie, l'étouffant, l'accablant, meurtrier et mortel Gouvernement du Pas-de-Gouvernement ; » l'anarchie par paralysie générale des pouvoirs réguliers et légaux, par foisonnement, pullulement, envahissement de toutes petites *archies* irrégulières et illégales ? « De ce grand Etat démoli, il reste 40 000 tas d'hommes, chacun isolé et séparé, villes, bourgades, villages, où des corps municipaux, des comités élus, des gardes nationales improvisées tachent de parer aux plus grands excès. » Mais des communes, des « corps municipaux » ou même des « comités élus, » c'est encore on ne sait ou plutôt on sait quoi de régulier, de légal, d'organisé ou presque, c'est encore de l'ordre. Il faut descendre plus bas. « Par-delà le Roi inerte et désarmé, par-delà l'Assemblée désobéie ou désobéissante, on aperçoit le monarque véritable, le peuple, c'est-à-dire l'*attroupement*, 100, 1 000, 10 000 individus rassemblés au hasard, sur une motion, sur une alarme, et tout de suite, irrésistiblement, législateurs, juges et bourreaux. » Le plus affreux, quand le pouvoir traîne à terre, est de voir par quelles mains il est, en lambeaux, ramassé.

Ce que la fougue visionnaire de Carlyle a deviné, la forte analyse de Taine le discerne et le précise : « Si mauvais que soit un gouvernement, il y a quelque chose de pire, c'est la suppression du gouvernement. Car c'est grâce à lui que les volontés humaines font un concert, au lieu d'un pêle-mêle. Il sert dans une société à centrés comme le cerveau dans une créature vivante. Inconsidéré, dépensier, absorbant, souvent il abuse de sa place, et surmène ou fourvoie le corps qu'il devrait ménager et guider. Mais, à tout prendre, quoi qu'il fasse, il fait encore plus de bien que de mal ; car c'est par lui que le corps se tient debout, marche et coordonne ses pas. Sans lui, point d'action réfléchie, agencée, et qui soit utile à l'animal entier. En lui seul sont les vues d'ensemble, la connaissance des membres et de leur jeu, la notion du dehors, l'information exacte et complète, la prévoyance à longue portée, bref la raison supérieure qui conçoit l'intérêt commun et combine les moyens appropriés. S'il défaille et n'est plus obéi, s'il est froissé et faussé du dehors par une pression brutale, la raison cesse de conduire les affaires publiques, et l'organisation sociale rétrograde de plusieurs degrés. Par la dissolution de la société et par l'isolement des individus, chaque homme est retombé dans sa faiblesse originelle, et tout pouvoir appartient aux rassemblements temporaires qui, dans la poussière humaine, se soulèvent comme des tourbillons. »

A la vérité, c'est ici, dans le cas étudié par Taine, non seulement une *dissolution*, mais une *révolution* de la société ; c'est tout ensemble une dissolution « causée » de loin, et une révolution qui la précipite. Mais ce sont moins les symptômes ou les prodromes d'une dissolution commençante que les progrès ou les étapes d'une révolution commencée. Que dis-je ? C'est une révolution à moitié faite, puisqu'il en est de la révolution comme de la tempête, *vires acquirit eundo* ; elle se multiplie par elle-même et par chacun de ses coups. De proche en proche, l'anarchie se répercute et se reproduit à l'infini : « Lorsque, dans un édifice, la maîtresse poutre a fléchi, les craquements se suivent… et les solives secondaires s'abattent une à une, faute de l'appui qui les portait. » Sans doute, si, dans les tout récents incidents du Midi, — qui ont failli être des événements, — il se retrouve tel ou tel des traits que j'ai notés d'après l'illustre auteur des *Origines de la France contemporaine*, il serait pourtant excessif de prétendre que nous en soyons à cette heure venus ou revenus là. Mais c'est avant d'y être revenus qu'il est utile, qu'il est urgent de voir où nous pourrions aller, comment nous irions, et comment, au contraire, nous pourrons n'y point aller.

J'ai pris au passé et chez nous mon premier exemple d'anarchie déclarée, de crise aiguë, de mort d'un ordre social par révolution ; je vais prendre au dehors et dans le présent, — en laissant, bien entendu, à qui elle incombe la responsabilité du diagnostic et en constatant même qu'heureusement il avait été poussé beaucoup trop au noir, — je vais emprunter à un ancien député italien, le docteur Provido Siliprandi [3], mon second exemple, celui qui nous touche directement et qui nous intéresse immédiatement, la description de cette « anarchie sourde, lente et dormante » où, minute par minute, l'ordre social alangui, relâché, meurt sans révolution, par simple dissolution.

Un régime qui se peut comparer à la morphine : la paix intérieure obtenue par toute sorte de concessions au jacobinisme théorique et pratique et à l'individualisme politique le plus insolent et le plus insensé ; tout le Parlement, tout le gouvernement, presque tout le pays uniquement préoccupés de petites querelles de partis et de groupes, de clocher et de personnes... Partout la lassitude, le mécontentement, l'aigreur, la mélancolie, l'ennui, et comme une hypocondrie dans toute la vie de la nation... Une indiscipline générale chez ceux qui doivent obéir, et, chez ceux qui doivent commander, une très sensible aversion du commandement... Tous les services de l'État s'en ressentent, et le temps n'est sûrement pas éloigné où ce sera un vrai malheur de recourir à l'action publique, un risque de s'adresser aux agents des diverses administrations, un danger de voyager sur les chemins de fer, un aléa de mettre une lettre à la poste, une ingénuité de confier un secret au télégraphe, et ainsi de suite... La vie politique est devenue une mêlée féroce d'intrigues et de fange, où les perfides et les effrontés se font gros et gras, tandis que les meilleurs esprits s'en détournent, troublés, paralysés, stérilisés... Les classes supérieures de la société se raccrochent à l'on ne sait quelle phraséologie académique qui voudrait exprimer des idées, mais qui n'est que le vide, avec ce sous-entendu qu'il n'y a pas à s'occuper de ce qui arrive, parce qu'il n'y a rien à y faire : que le pays va politiquement à la ruine, parce qu'il ne peut pas n'y point aller ; et que l'anarchie, au bout d'un abrutissement général, est le but inévitable de cette romantique promenade. Les gendarmes, dit-on, y sauront pourvoir en temps opportun, si l'État réussit à sauver au moins la gendarmerie !...

En attendant, une centralisation pléthorique, une bureaucratie atteinte d'éléphantiasis, un efflanquement de tous les organismes civils et militaires ;... des travaux publics colossalement et follement entrepris ;... le gaspillage élevé au rang d'institution et régnant dans tous les services ; chaque chose payée le double de ce qu'elle devrait coûter... Des finances de mineur prodigue et dévoyé. Une corruption universelle ; la propagande la plus antisociale librement tolérée et favorisée ; la magistrature devenue la servante du pouvoir exécutif, en secondant les visées et les violences ; la banque faite politique et la politique faite banque. Ce beau système s'emploie d'ailleurs non à contenir les volontés inconsidérées de la foule, mais à les exciter, à les développer et à les satisfaire, ou du moins à dépenser a tort et à travers dans l'illusoire espérance de les satisfaire ; d'où il suit que, les uns demandant *le plus* pour avoir quelque chose, les autres ne donnant rien parce que *le moins* serait encore énorme, c'est une mutuelle duperie, une grande « turlupinature, » avec un mépris réciproque. D'où encore l'inclination de ceux qui font partie des assemblées à croire qu'ils sont tout et qu'ils peuvent tout, et de ceux qui n'en font pas partie à croire que les assemblées ne font rien et ne peuvent rien, — à moins que ce ne soit l'opposé, qui est aussi faux. Ainsi le parlement devient peu à peu étranger et extérieur à la nation de plus en plus indifférente ou hostile au parlement ; l'opinion publique, trop simpliste pour distinguer entre les actes et les personnes, de goûts grossiers, chaque jour tiraillée et remuée brusquement, se repaît de médisances, s'abreuve de calomnies ; par le discrédit, mérité ou immérité, des hommes qui figurent soit dans les Chambres, soit au gouvernement, les Chambres en bloc et le gouvernement en soi tombent dans une déconsidération funeste au pays tout entier. Déconsidération qui, du reste, n'est qu'en partie « volée, » comme on dit, qui se justifie ou s'explique par ce genre inférieur de parlementarisme qui fonde en haut le règne du verbe, en bas celui de l'argent, et pour qui la fraude est un fait *semi-institutionnel.*

Mutato nomine, de te

Fabula narratur…

Arrêtons-nous, et méditons, si, dans ce portrait du voisin, nous nous sommes reconnus.

Section II

Il nous serait difficile de ne pas nous reconnaître. J'ai dit que, depuis longtemps, le mal nous avait envahis et que, depuis longtemps, les symptômes en étaient certains ; que, depuis quinze ans et plus, on aurait pu, on avait pu mesurer la vitesse et repérer les distances dans cette course à l'abîme. Dès 1890, quiconque regardait et réfléchissait en France devait être péniblement affecté de constatations qu'il eut préféré n'avoir pas à faire. C'était d'abord, à la base de tout, le mauvais choix du personnel parlementaire emportant comme conséquence une mauvaise direction gouvernementale ; l'intrusion de plus en plus hardie dans la représentation nationale du politicien professionnel en son espèce la plus vulgaire, celle que Gambetta qualifiait de « sousvétérinaire ; » et, au bout du compte, comme, après le 24 mai 1873 et surtout après le 16 mai 1877, il avait fallu « sauver » la République, la « sauver » par n'importe qui, avec n'importe quoi, un abaissement continu de niveau, chez la plupart des députés, de qui étaient et demeuraient ignorés les premiers éléments de la politique, non par inintelligence naturelle, mais par défaut de préparation, par improvisation d'une vie nouvelle, qui ne s'improvise pas [4]. C'était ensuite, et par suite, la politique réduite à ce qu'un Anglais ami des sports comparait à « une partie de cricket entre les Jaunes et les Bleus, » avec cette règle sous-entendue : « Ote-toi de là que je m'y mette ! » ou bien : « Au vainqueur les dépouilles ! » Politique égoïste, individualiste, partiale et partielle, qui a pour instruments les groupes, sous-groupes, coteries, fractions de coteries ; qui se traduit, successivement ou simultanément, par de la mollesse, de l'incertitude, de la somnolence, de l'agitation, de la faveur, du népotisme, de l'injustice dans le gouvernement, et, dans le pays, par une absence croissante de sécurité et de confiance. Par moments, le bruit soudain, l'explosion, le scandale d'une « affaire ; » puis le Panama, l'affaire des affaires ; et, là-dessus, une aventure, le *boulangisme*, qui ne fut lui aussi qu'un « n'importequisme, » mais un « n'importequisme » nominatif, comme le parlementarisme mal pratiqué, plus mal recruté encore, était un « n'importequisme » anonyme et, pour ainsi dire, au porteur. L'opinion publique, qui, à en croire Danton, n'est pourtant point délicate, se sentit fatiguée, dégoûtée, prête à crier, ainsi que la trop célèbre héroïne du roman naturaliste : « Tout ce que vous voudrez, mais pas ça ! » Seulement, le cri lui restait dans la gorge ; elle se taisait, et acceptait ou subissait.

Le renouvellement de la législature, en 1893, allait mettre en une évidence de plus en plus frappante les défaillances du personnel politique, déjà visibles en 1890 ; le péril incessant qui peut naître de la prédominance de groupes constitués en purs ou impurs syndicats d'ambitions et d'intérêts ; la déviation qu'imprimait à l'exercice et à la notion même du régime parlementaire la fausse conception *militaire* de ce que doit être un parti, l'habitude fâcheuse de comparer le « parti républicain » à une armée, rendant aisée pour sa clientèle la transition à l'idée de « chevauchée, » d'expédition, de butin, et conduisant tout droit au condottiérisme politique sous le chef de bande, transformé en chef de groupe, ou inversement ; l'abdication, la démission, la soumission *perindè ac cadaver* d'un certain nombre de députés muets et peu pensants aux mains des plus entreprenants, des mieux endentés, des plus contents d'eux-mêmes, des plus ambitieux. De plus en plus évidente aussi allait devenir cette vérité qu' « on vote mal, » et de plus en plus juste l'axiome qui, sous la plume de Proudhon, avait semblé un paradoxe : « Il est certain que nos 10 millions d'électeurs se sont montrés, depuis 1848, en intelligence et en caractère, inférieurs aux 300 000 censitaires de la Monarchie de Juillet ; » non pas inférieurs, mais pas supérieurs non plus, et à peine égaux. Comment d'ailleurs n'auraient-ils pas fait de mauvais choix, n'ayant guère devant eux qu'un mauvais lot de candidats, bourrés et comme fourrés de formules, de prétendus principes, de préjugés, sans autorité, souvent sans études, parfois sans situation, voués d'avance à être le jouet des hasards ministériels ou la proie des comités électoraux ? De par cette invasion de demi-barbares, d' « analphabets » de la politique, et de par l'élargissement même du suffrage, — qu'il n'est plus aujourd'hui permis de regretter, — allait être de moins en moins remplie la « condition sociale » du régime parlementaire, de ce régime qui suppose et qui exige une classe de gouvernement très instruite, très attachée au bien public, très détachée de son propre bien, une aristocratie ou du moins une élite, très forte, très résolue, qui ose faire, et des masses très dociles, très persuadées qu'on fait pour elles, qui laissent faire. Mais, parce que cette condition manquait, la machine à légiférer donnait une production de plus en plus défectueuse ; un à un, les vices en apparaissaient : les assemblées étaient trop nombreuses, les sessions trop longues ; on bavardait, on palabrait, on discourait trop ; c'était une émulation, une rivalité ; les rangs se gagnaient par l'éloquence, la hiérarchie se fondait sur elle ; et, comme le régime était tout oratoire, on immolait tout à l'effet. Quelle méthode ! Aucune ; et quelle procédure ! Une dérision, avec le « déblaiement » présidentiel des projets de loi d'intérêt local, la suppression de la seconde lecture par l'abus de la déclaration d'urgence, le vote des absents ou des banquettes, le sacrifice de l'utile et du possible au « battage » des discussions inutiles, au « bluff » des propositions impossibles.

Ce ne serait encore rien ; mais le régime parlementaire, fait pour être un outil de liberté, peut, maladroitement ou perfidement manié, devenir un instrument d'oppression, et il l'est devenu, par la passion des uns et la faiblesse des autres, par la fureur épidémique des sectes et la terreur endémique des assemblées, cette folie, cette phobie spéciale, la peur de la non-réélection. A la dévorante gueule du Cerbère électoral, vomissant à flots des bulletins de vote, et dont on a sans cesse aux trousses l'haleine grondante et brûlante, que ne jetterait-on pas ! Alternativement on y jette, tantôt un morceau de prêtre, tantôt un morceau de patron, et, quand l'on n'a plus autre chose, des boulettes de belles promesses, des pilules bien dorées de lois flatteuses et menteuses. La nation les avale, mais ne les digère pas ; il faut au gouvernement, à l'administration, beaucoup d'art pour masquer le malaise qu'elle éprouve, et pour empocher qu'elle ne le manifeste. C'est qu'à la fin, on en a tant fait qu'on a négligé, froissé, heurté, trop d'éléments de la nation, et que par conséquent on s'est trop écarté, trop détourné de l'objet de tout gouvernement et de toute administration.

En échange, on n'a même pas assuré à la nation en son ensemble ce minimum d'existence : l'ordre. Je ne dis pas l'ordre matériel ; sauf de très rares interruptions et sur des points très rares, elle l'a eu, mais c'est à sa sagesse qu'elle le doit, ce n'est pas au soin de ceux qui en avaient charge ; c'est à sa « gouvernabilité, » ce n'est pas à son gouvernement. Quant à cet autre genre d'ordre, aussi nécessaire, et qui ne se maintient ni ne se rétablit par la police, mais qui est réellement la santé des peuples, cherchez-en trace dans le pêle-mêle, l'embrouillamini, le pataugeage universel. Depuis que, pour comble aux tristesses du Panama, on a pu voir, en ce pays, le gouvernement traîné par des ministres dans les bureaux de sociétés d'émission et chez des banquiers dont les convictions étaient prêtes à se monnayer en complaisances, des membres du cabinet appelés impérativement chez le juge d'instruction, des commissions de la Chambre menant des enquêtes judiciaires, le Palais-Bourbon devenu une succursale du Palais de Justice et le Palais de Justice devenu un petit Palais-Bourbon, il s'est fait partout une confusion qui devait nous conduire, à travers l'incohérence (où nous sommes et où nous restons), au gâchis d'où nous ne sortirons pas de sitôt.

Tout dans l'Etat a changé de place, ou plus exactement, rien n'y a de place et personne n'y est à sa place. Certains organes, ou racornis ou ramollis, tombent comme des tissus morts ; d'autres poussent, grandissent, enflent, qui recouvrent les premiers et qui les étouffent. Il y a rupture d'équilibre, d'abord, entre les fonctions de l'Etat, d'une part, et ses organes, de l'autre ; ensuite, entre ces fonctions, des unes aux autres, et ces organes, des uns aux autres ; là est la véritable cause, la cause profonde, de la désaffection générale pour le régime : dans le désaccord, obscurément senti, entre l'ordre social et l'établissement politique. Si, plus ou moins obscurément aussi, c'est le Parlement que l'opinion déçue rend responsable des faillites dont elle se plaint, la faute en est à lui, qui, en absorbant tout, en annonçant tout et en amorçant tout, s'est condamné à démontrer l'impuissance de sa toute-puissance. Quelque impuissant qu'il fût, il n'a pas cessé d'usurper : il a gouverné au lieu du gouvernement, administré au lieu de l'administration ; le Parlement, c'est-à-dire une des deux Chambres, la Chambre des députés, après qu'elle eut paralysé le Sénat pendant un temps, le temps de tirer à elle à peu près tout le pouvoir législatif ; et, avec la somme de ce pouvoir, avec l'administration, avec le gouvernement, il lui arrive encore de vouloir davantage, et de mordre tout autour d'elle. Le Président de la République, annulé ou presque, n'en peut mais ; les ministres, occupés de vivre et à vivre, se résignent à perdre tout pour garder ce qu'ils ont ; et, sur ce chemin qui ne saurait mener qu'à la tyrannie ou à l'anarchie, ou aux deux ensemble, nous en sommes venus, le gouvernement étant amoindri, aplati, écrasé par ce contre-gouvernement débordant et hypertrophique, où nous en devions venir, à « l'accablant, meurtrier et mortel Gouvernement du Pas-de-Gouvernement. »

Pour qu'une pareille anarchie se soit comme assise à demeure dans nos institutions, et pour que nous puissions l'y souffrir, il faut que nous en portions les germes en nous-mêmes, dans nos cervelles [5]. On ne dénoncera jamais assez l'espèce de débilité mentale, ou de paresse intellectuelle, qui nous fait recevoir comme paroles d'évangile les soi-disant philosophiques niaiseries que nous débite depuis un siècle l'hypocrisie maçonnique. On ne nous mettra jamais assez en garde contre cette adoration, cette divinisation, cette idolâtrie, ce fétichisme de « la Démocratie, » avec un grand D, qui prétend faire d'elle une sorte de magie, grâce à laquelle le monde et l'homme seront subitement transfigurés. On ne se méfiera jamais assez, on ne nous apprendra jamais assez à nous méfier de ce qu'il y avait de spécifiquement anarchique dans la Déclaration des droits que nous donnions pour charte fondamentale au régime moderne. A force de dire et de croire qu'une certaine forme de gouvernement, étant par elle-même libérale, ne peut produire que des fruits de liberté, on s'est tout permis ; à force de dire et de croire que la liberté n'a pas de limites, ou qu'elles peuvent être presque sans terme reculées, qu'il n'y a presque rien d'interdit à l'individu, ou qui doive l'être, on a usé, on a miné l'Etat, on en a corrodé la substance, on en a détruit le sens.

Mais, par opposition, à force de dire et de croire que la majorité peut tout parce qu'elle est le nombre, qu'il n'y a presque rien dont elle ne soit capable, on a exalté jusqu'à la superstition la foi héréditaire du Français en l'Etat. De même que l'équilibre a été rompu entre les fonctions de cet Etat et ses organes, de même on l'a perdu, ou on ne l'a pas trouvé, entre ces deux extrêmes : la fin de l'autorité, qui aboutit au despotisme, la fin de la liberté qui aboutit à l'anarchie. C'est là, vers l'anarchie, que nous portait aussi le goût irraisonné d'égalité, d'une égalité absolue, qui n'est peut-être chez nous que la haine ou l'impatience des supériorités. Si bien que les seules catégories sous lesquelles notre cerveau pût concevoir les relations des hommes en société et la position réciproque des citoyens dans l'Etat étaient, selon les cas, ou, comme je l'ai dit, tout ensemble, la tyrannie et l'anarchie, une anarchie dormante, déliquescente, sous une tyrannie à mille têtes, — et plût à Dieu que ce fussent des têtes !

Depuis 1895, la descente a été rapide, et depuis 1900, foudroyante. D'avoir été les prophètes de ces malheurs, il n'y aurait pas de quoi se vanter ; mais enfin, s'ils n'en pèsent pas moins sur nous, ils ne nous ont pas surpris [6]. Qu'on me pardonne de transcrire sans phrase, en forme de notes toutes brèves et toutes sèches, sous trois ou quatre titres : *le Suffrage universel, le Parlementarisme, la Confusion des pouvoirs, l'Anarchie*, le résumé des observations que bien d'autres auront dû faire au jour le jour.

1° *Le suffrage universel*. — Le suffrage universel inorganisé étant atomique, anarchique, l'État moderne n'est pas construit. La captation en est facile par des comités, qui ne sont que des sociétés d'exploitation, composées de manœuvres au rabais et d'entrepreneurs à la surenchère. Le suffrage universel inorganisé, atomique, anarchique, accaparé par des faiseurs, livré aux tentations de l'argent et aux séductions du pouvoir, corruptible et corrupteur, n'est ni vraiment universel, ni vraiment un suffrage. Son éducation n'est ni faite, ni peut-être faisable, en dépit de l'apothéose stupide que nous décernons à l'instituteur primaire. — Ce n'est pas encore, à ne nous point flatter, la presse qui la fera, si même elle n'exerce parfois une influence « sinistre, » pour employer l'épithète chère à Bentham. — Ce ne sont pas non plus les associations et les ligues, qui n'en ont pas souci. — Ce ne sont pas davantage « les autorités sociales, » parce qu'il n'y a plus d' « autorités sociales. » Le peuple, politiquement paresseux et passif, endormi dans la routine, ignore son mal, ou feint de l'ignorer, ou le nie, ou le déclare incurable et a l'air d'en prendre son parti. Mais à toute heure s'affirme l'impossibilité de vivre et de durer ainsi.

2° *Le parlementarisme.* — Du suffrage universel inorganique, anarchique, naissent, avec la fraude et la corruption, qui vont dans quelques cas jusqu'à faire ressembler une élection à une sorte de brigandage public, l'indifférence et le dédain ; l'intérêt général est déserté, les intérêts privés se ruent à l'assaut du Trésor ; des coteries faméliques ou rapaces mènent cyniquement la curée de l'Etat ; la politique s'abaisse par l'abaissement de niveau du personnel politique, et, par l'abaissement de la politique, la nation s'affaisse peu à peu parmi les nations. « Cela s'en va ! » est-on tenté de dire en France comme en Espagne. Les signes en sont si clairs que les parlementaires eux-mêmes sont obligés de les voir : tous ces signes, convulsions des Chambres, silence du pays, atonie de l'opinion, présagent la faillite, la banqueroute d'un parlementarisme faussé, adultéré, sophistiqué ; d'un parlementarisme si « truqué » qu'il en est tout artificiel, si vieilli qu'il en est caduc, si décharné qu'il en est falot et spectral. — En attendant, il ne nous donne et ne peut nous donner qu'une législation impulsive et décousue, qu'un gouvernement précaire et subordonné, qu'un Etat incertain, chancelant, à chaque instant menacé de bouleversement ; il est également incapable de fonder une démocratie et de ne pas fonder une démagogie.

L'atmosphère où il vit est une atmosphère confinée ; il s'y débat sans s'aviser qu'il a coupé ses communications avec le pays ; il s'y embourbe dans la logomachie et dans le commérage. Entre lui et le pays s'élève une muraille que rien ne perce. Le seul vent qui y pénètre, c'est celui que soufflent de la tribune des bouches jamais closes. Toute la politique est « parlée. » Elle n'est que « parlée. » Des mots, et moins encore, de la musique, de l'air plus ou moins artistiquement travaillé. Des ballons de baudruche, des bulles de savon. Proclamations, programmes, projets, que de fois chant et chantage ! Surenchère et duperie, tumulte et stérilité. Mystification. Comme il faut faire quelque chose, ne fût-ce que faire mine de faire quelque chose, et faire beaucoup mine de faire un peu, s'entassent lois sur lois bâclées à l'aveuglette, votées dans le noir par des législateurs dont les trois quarts ne savent pas et ne s'inquiètent pas de savoir de quoi il s'agit. Étranges législateurs ! D'où viennent-ils ? Où ont-ils appris le métier ? Médecins avec leur *recipe*, pharmaciens avec leur *codex*, ils jurent qu'ils ont reçu de la Faculté licence de couper, saigner et purger « le corps social ; » avocats, ils ne demandent qu'à plaider ceci et cela. Ainsi le personnel parlementaire se recrute en trois ou quatre professions politiquantes, et ainsi s'impatronise, s'intronise le politicien professionnel. Bientôt, comme aux États-Unis, tout ce qui pourra vivre autrement et voudra vivre honoré se retirera, s'enfermera chez soi.

A ce régime médiocre, et pas très relevé, la France, qui a le goût de la gloire et même du panache, ne s'est pas attachée d'une violente amour. Elle regarde d'assez loin, stupéfaite et prostrée, un jeu où la moitié du parlement ne travaille qu'à chasser du gouvernement l'autre moitié, et, si elle ne le peut, qu'à l'empêcher de gouverner. Que ce soit d'ailleurs une moitié ou l'autre, les sages et les indépendants n'en conçoivent ni plus de joie ni plus de colère, rebutés qu'ils sont de voir tons les gouvernements, formés comme au hasard d'une « réussite, » amener au pouvoir ce qu'il y a de moins qualifié pour le pouvoir, et ils se considèrent comme en règle avec eux-mêmes quand ils se sont dit une bonne fois que, pour si grande que soit la part de l'absurde en ce monde, c'est tout de même par trop absurde. Le reste, qui n'est pas indépendant, et qui ne se soucie pas d'être sage, interroge anxieusement la girouette, afin de savoir si le vent va se mettre à la pluie des places, emplois, sinécures, pensions, missions, subventions, croix, palmes, rubans, bénéfices et « petits profils. »

Cependant, nos politiques improvisés s'enfoncent et nous enfoncent en une politique toujours plus « incohérente, » emportés, comme sans le sentir, au « trottoir roulant » des faits quotidiens ; manquant les occasions, ne les connaissant pas, n'osant pas les saisir, n'ayant ni prévision devant les difficultés, ni courage devant les responsabilités ; allongeant pitoyablement jusqu'aux plus hauts sommets cette échelle d'incompétences qui monte d'en bas, dans un ordre ou plutôt dans un désordre de choses où l'on professe que « tout le monde est bon à tout, » et que tout est bon pour tout le monde. Telle est la déformation, la caricature latine et française du parlementarisme : un mélange indigeste qui n'a rien de positif, rien d'historique, rien de traditionnel, rien de national ; un bizarre assemblage de représentation à base individualiste et d'*a priorisme* philosophique, avec un peu de coutume anglo-saxonne ; un encombrant et bruyant ustensile descendu du grenier où l'on croyait que les peuples modernes avaient remisé le bric-à-brac romantique. Machine à broyer de vagues généralités en une pâtée de mots que le bon électeur, bras croisés et yeux clos, a longtemps gobée comme mouches, mais qui commence à lui écorcher le gosier. Cette viande commence à lui paraître creuse. Il commence à se lasser d'étreindre des ombres. Il commence à flairer *le grand mensonge de la parole publique.* « Solidarité, » « fraternité, » et autres étiquettes « en *té* » de vertus abstraites, où ressuscite la pleurarde, la déclamatoire « sensibilité » du XVIIIe siècle, commencent à le laisser aussi froid que la glace d'égoïsme naïvement et platement jouisseur qu'elles recouvrent. « Je tuerai le parlementarisme par les Parlements, » disait machiavéliquement Bismarck. Il se pourrait que, sans tant de manières ni de malice, certains parlementaires fussent en train de tuer le parlementarisme.

3° *La confusion des pouvoirs.* — Peu à peu s'est glissée, s'est coulée en nos veines l'anarchie sans violence, dans la paix habituelle et relativement assurée de la rue. Elle s'y est glissée soit à cause des excès et des injustices du pouvoir central ; de ses excès : comme il n'est point, chez nous, de « corps intermédiaires qui s'interposent entre l'Etat et l'individu, le premier tend à écraser de sa masse le second qui, en revanche, tend à se dégager et à s'affranchir du premier ; de ses injustices, car ce pouvoir central, infecté du plus grossier et du plus bas esprit de parti, s'est montré trop impudemment caressant aux uns, aux autres tracassier, la main ouverte ou le poing fermé selon les opinions affichées, supposées, prêtées, et selon les personnes ; soit, et bien plus encore, à cause de la confusion même des différents pouvoirs dont est formé le pouvoir central et de leur absorption en un seul.

Comment s'est faite cette confusion, nul ne l'ignore et l'on vient de le rappeler. Il y a une quinzaine d'années, de fréquents et de fâcheux contacts se sont établis entre le pouvoir législatif et le pouvoir judiciaire, alors que déjà le contact était perpétuel entre le législatif et l'exécutif. L'exécutif, manquant de force et de stabilité, est tombé dans la dépendance du législatif. Le Président de la République ne peut rien contre le Parlement, pour bien des motifs, mais d'abord parce que le Parlement l'élit et a la faculté de le réélire ; il est d'avance annihilé, supprimé de fait, suicidé en même temps que nommé. Dans le sépulcre blanchi, et même doré, où prématurément on le dépose, il lui reste deux doigts pour signer, deux yeux pour pleurer, et 600 000 francs de traitement auxquels se joignent 600 000 francs de frais de voyage et de représentation. Le ministère, lui aussi, extrait mou de parlementarisme, est constamment à la merci d'un vote défavorable des Chambres, et constamment en quête des moyens d'y échapper, en gros ou en détail. A côté du législatif, ou au-dessous, un pouvoir pourtant, si l'on veut que c'en soit un (les vieux théoriciens ne le reconnaissaient pas) eût fait frein s'il eût subsisté, le pouvoir administratif ; mais, dépendant de l'exécutif, il est, avec lui et comme lui, tombé dans la dépendance du législatif ; tandis que l'exécutif y tombait par l'intimidation, mais se reprenait un peu grâce à la recommandation, il y tombait lui-même des deux côtés à la fois, par l'intimidation et par la recommandation : tout dans l'Etat s'asservissait, se vassalisait sous les Chambres, sous la Chambre, sous la majorité de la Chambre, sous les stratèges ou les chorèges de cette majorité. Le magistrat, le fonctionnaire apprenaient à se tourner vers leur député et à se détourner de leurs chefs ; ils se faisaient à l'envi les délégués des « politicaillons, » la main ouverte ou le poing fermé du monstrueux pouvoir central tout entier concentré en eux ; de sorte que la France devait n'être plus ni jugée ni administrée, mais seulement « légiférée, » et mal, et arbitrairement, c'est-à-dire que, mal faite, la loi était, de plus, mal appliquée, l'était ou ne l'était pas, et que, par l'application ou la non-application des lois, on en arrivait à la pire des oppressions, à la suppression du droit.

4° *L'anarchie.* — Du même coup que l'autorité, la responsabilité se déplaçait, se volatilisait ; le gouvernement se diluait en non-gouvernement ; l'Etat s'en allait par morceaux, se défaisait pièce à pièce, se disjoignait et se désarticulait. La République, rétrécie et comme desséchée, se figeait en deux ou trois formules apprises, incomprises, peut-être incompréhensibles, d'imploration et d'imprécation. Elle se claquemurait en une sorte de bigoterie jacobine, d'idéologie politique, dédaigneuse des hommes et des faits, qui n'oubliait qu'un point : c'est qu'on peut bien guillotiner un homme, mais non un fait, quand il vous gêne. Avec d'orgueilleuses prétentions à l'avenir, elle n'avait guère que des conceptions du passé ; elle retardait, elle vivait comme un gardien de cimetière parmi les morts glorieux. Ce qu'elle croyait voir en elle et derrière elle l'empêchait de voir devant elle et autour d'elle ; elle ne savait pas ou ne voulait pas voir, ne voyait pas ce qui était, voyait ce qui n'était pas. Les yeux brouillés de vieilles images, elle ne pouvait pas regarder une réalité en face ; l'esprit brouillé de vieilles abstractions, elle ne percevait pas les choses, elle suivait des fantômes, embrassait des idoles, ses idoles à elle, dans les choses. Perdu, le sens des réalités ; perdu depuis la Révolution, depuis Jean-Jacques, et avant lui, depuis que le génie français, si admirablement net et réaliste jusqu'au XVIIe siècle, a subi, au XVIIIe et au XIXe, toutes ces immixtions suisse, anglaise et germanique. Perdu aussi, le sens de l'Etat, depuis que l'individu était lâché à travers tout, aiguillonné, fouetté, rendu fou par l'exaltation vaniteuse du Moi, flambant de convoitises, attendant le miracle politique qui, pour lui du moins, — et tant pis pour les autres ! — tirerait de la terre un paradis. Perdue, la suprême ressource de la raison d'Etat, toujours faible en démocratie, mais complètement ruinée, par l'abus qu'on en avait fait et l'usage qu'on n'en avait pas su faire, dans l'épreuve effroyable qui déchirait la France jusqu'à l'âme et qui la livrait toute à la frénésie de démolir. Qu'est-ce qui eût tenu ? Et qu'est-ce qui eût retenu ? Rien dans les têtes, rien dans les cœurs, rien dans les institutions, rien dans les idées, rien dans les mœurs, rien dans les lois. En tout bureau, en tout service, dans tous les coins, de toutes parts, avec la complicité de tous, l'anarchie s'instillait, s'installait, s'avançait par infiltration, puis se dégorgeait et débordait, gagnant et gangrenant le pays. L'espèce en était connue : on pouvait la définir : « *une anarchie verbeuse, une dissolution dans le ronron ; »* la marche en était directe ; on eût pu en dresser le diagramme ; l'aboutissement en était fatal, et, dès 1902, on pouvait écrire : « *Cette anarchie dormante n'éclaterait brusquement au dehors que si ce modèle des contribuables, le contribuable français,* « *sortait de son caractère* » *et refusait de payer.* »

A partir de là, ce n'est plus la descente, c'est la chute. Jusque-là, la faiblesse de quelques ministères modérés avait préparé le terrain, et comme savonné la pente. Sur cette pente, en 1899, M. Waldeck-Rousseau nous avait lancés froidement, avec un plaisir raffiné d'art politique paradoxal, quand il fit, et y réussit, la gageure d'allier, dans son cabinet, les souvenirs de « la semaine sanglante » et l'avenir de Saint-Mandé, M. le général de Galliffet et M. Millerand. Peut-être le socialisme de M. Millerand ne fut-il jamais bien terrible, ni même, — autant qu'on puisse exactement se représenter ce qu'est le socialisme, — bien déterminé ; peut-être fut-ce et est-ce plutôt un étatisme très agissant, dans lequel il n'y avait pas de quoi frapper d'incapacité gouvernementale et tenir à jamais écarté du pouvoir l'homme de talent qui le professait. Mais un homme politique n'est pas uniquement ce qu'il est, il est ce qu'il est et ce qu'il passe pour être. Cette combinaison, plus ou moins apparente, plus ou moins réelle, de communisme et de répression de la Commune fut donc en elle-même un mauvais spectacle donné au pays et qui blessa à fond la rectitude de sa conscience et de son intelligence. Vainement on voudrait excuser l'ancien président du Conseil sous prétexte qu'il ne s'était jeté dans cette extrémité que parce qu'ayant essayé d'abord de faire le ministère avec ses amis et leur ayant offert des portefeuilles, il avait été repoussé. Je ne sais ce qu'il y a de vrai dans cette histoire, et j'ai même lieu de croire que ce n'est qu'une fable ; mais fût-elle vraie que, si elle expliquait quelque chose, elle n'excuserait encore rien. Lorsqu'on ne peut pas faire un ministère avec son parti, on ne le fait pas : c'est tout le régime parlementaire ; et lorsqu'on fait un ministère avec un autre parti que le sien, lorsqu'on amalgame pour le faire les partis les plus opposés, il n'y a plus de régime parlementaire, et ce n'est plus seulement la sincérité, c'est la moralité, c'est presque la probité publiques qui en souffrent. Vinrent ensuite le complot monarchiste, plébiscitaire, nationaliste, antisémite, la parade de la rue de Chabrol, la Haute-Cour, l'entrée en scène d'anarchistes qui ceux-là n'étaient pas auparavant des anarchistes de gouvernement, leur défilé sous le drapeau noir, place de la Nation, devant le Président de la République contraint à rabattre son chapeau et finalement à s'en aller, leur collaboration singulière avec la police au pavillon d'Armenonville. La logique intérieure qui porté toute cause à développer ses conséquences entraîna malgré lui, et de quelque flegme qu'il couvrît son embarras, M. Waldeck-Rousseau à suivre une politique qu'il n'eût pas conçue, qu'il ne dirigea point, qui le dirigea, et que plus tard, après qu'au bout de trois ans, las et blasé, il eut quitté le ministère, il dut désavouer dès qu'il la connut, en alléguant qu'il ne la reconnaissait pas. La voie était frayée à M. Combes. Alors, ce n'est plus la chute, c'est la dégringolade.

A lui seul, sans Congrès, sans aller à Versailles, M. Combes a opéré une révision des lois constitutionnelles, qui est toute une révolution, qui est la révolution. Son règne de deux ans et demi se divise en deux époques : pendant la première, il a été mené ou il a feint de l'être ; pendant la seconde, il a mené, ou il en a fait le geste, esclave et despote tour à tour, sinon à la fois ; aux deux époques, à la fois cassant et soumis, impérieux et subalterne. Dans l'une comme dans l'autre, il a jeté ou poussé le gouvernement hors du gouvernement ; il a substitué ou laissé substituer au ministère et au Parlement la Délégation des gauches, aux préfets et sous-préfets les espions de chef-lieu, aux maires les délégués ; à l'administration une contre-administration, au gouvernement un contre-gouvernement ; il a réalisé en sa plénitude désolée, tour à tour, sinon à la fois, le Pas-de-Gouvernement du gouvernement et le gouvernement du Pas-de-Gouvernement. Où était-il, sous lui, ce gouvernement introuvable ? Dans les congrès radicaux-socialistes ? Au couvent de la rue Cadet ? Dans les comités ? Dans les loges ? Partout, excepté où il devait et il paraissait être. Partout, c'est-à-dire nulle part. Que M. Combes s'en accommodât, parfait ; qu'il préférât ce procédé, à son aise. Mais il ne s'agissait pas de lui, il s'agissait de nous, « et l'histoire, remarquait-on à cette place, l'histoire à laquelle il a offert, avec une générosité qui l'honore, sa mémoire en holocauste, l'aura depuis longtemps plongé dans une de ses oubliettes que le mal qu'il a fait ou exaspéré continuera d'être le mal politique de la France [7]. » Par lui, le mal s'est étendu aux organes mêmes de la vie nationale qu'il eût fallu à tout prix préserver : à l'armée, à la marine, pour ne plus parler de la justice. Des mois et des mois durant, il a été officiellement, en ce pays, le grand prêtre du culte de « l'Assiette au beurre ; » il n'est point de ville, point de village où il n'ait fondé ou encouragé quelque confrérie de la candidature perpétuelle, et à ses bons soins, le Bloc, cette « féodalité électorale, » le radical-socialisme anticlérical, ce « jacobinisme de la blague, » doivent un accroissement et un regain de prospérité. Fort peu lui chaut de ce que sont devenues en tout cela les choses pour quoi il y a un gouvernement et pour quoi l'on est au gouvernement. Il éprouvait à peine le besoin de s'en occuper, et voici, par exemple, les réflexions que suggérait son attitude dans les premières grèves viticoles de l'Hérault :

Le second mode d'activité par lequel s'est notoirement signalé le ministère de l'Intérieur, depuis que M. le président du Conseil, « appuyé sur l'inébranlable force du Bloc, pratique avec esprit de suite sa politique, » ce sont les grèves. Certes, la grève non plus, M. Combes ne l'a point inventée, et il serait absurde d'en vouloir rejeter la faute et la responsabilité sur lui seul. Il y avait des grèves avant lui, il y en aura après lui ; il y en a depuis longtemps, depuis des siècles, dans une organisation du travail comme dans l'autre ; peut-être y en a-t-il toujours eu, et peut-être y en aura-t-il toujours. Mais ce qui est, en matière de grèves, la marque du ministère Combes, et pour ainsi dire le sceau dont il les contresigne, c'est le caractère révolutionnaire qu'elles ont pris, et qu'elles n'avaient pas, ou qu'elles avaient beaucoup moins, sous les ministères précédents. Sous les ministères précédents, les grèves étaient un désordre dans l'ordre ; sous celui-ci, comme on sent qu'elles sont tout bonnement un désordre de plus dans l'universel désordre ! Jamais, je pense, avant M. Combes, aucun président du Conseil n'avait osé parler, publiquement et solennellement, de a grève modèle ; » car enfin, personne ne le conteste, le droit de grève est un droit, mais c'est tout de même un droit dont l'exercice est un malheur. Et jamais, je pense, avant M. Combes, aucun ministre de l'Intérieur, couvrant son secrétaire général, n'avait, dans une circulaire aux préfets, insinué que les grévistes, étant ses amis, lui devaient tout au moins cette attention de ne pas fournir un argument à ses adversaires. Voilà, ou on ne l'a jamais entendu, le langage d'un gouvernement et d'un chef de gouvernement ! Mais l'aveu est à retenir : ceux qui, à coups de poing et à coups de pied, empêchent les ouvriers de travailler, ceux qui pillent les récoltes et donnent l'assaut aux maisons, ceux qui établissent, de leur autorité privée, des barrages et font circuler des patrouilles sur les chemins, ceux qui soumettent à leur laissez-passer le droit d'aller et venir, qui est le premier des « droits naturels et imprescriptibles » de l'homme, et tant d'autres droits, également naturels et imprescriptibles, avec celui-là, toute cette anarchie, toute cette jacquerie, ce sont « les amis » du gouvernement. Et, comme on ne peut pas douter, puisque le gouvernement le dit et l'écrit, que de telles bandes ne soient composées de ses amis, c'est de lui alors qu'il faut douter ; est-ce bien un gouvernement [8] ?

Non, ce n'en fut pas un. Des trois fins essentielles qui s'imposent à tout gouvernement, et de toute forme, monarchique ou démocratique, aristocratique ou populaire : assurer la stabilité et la durée de l'existence nationale ; assurer la grandeur et le respect de la dignité du pays ; assurer, de la part des citoyens, une commune et égale obéissance aux lois, M. Combes ne mit qu'un médiocre souci à remplir les deux premières, et, quant à la troisième, il mit même une espèce de point d'honneur singulier à ne pas la remplir. Rendons toutefois hommage à ce Sixte-Quint qui n'a jamais tout à fait lâché ses béquilles. Son système, pour notre infortune, a survécu à sa personne. Il établit si solidement sa domination que jamais M. Rouvier ne put reprendre et tenir en main ses préfets. M. Combes parti, ils louchaient encore vers lui, comme s'il allait revenir. Il fit école, puisqu'on dit : « le combisme, » et il conquit la grande popularité, puisqu'on l'appela « le petit père. » C'est à quoi travaillèrent pour lui ses défauts autant que ses qualités, car il eut tout au moins des qualités faites de ses défauts, et, entre toutes, cet entêtement mêlé de souplesse, ou cette souplesse mêlée d'entêtement, cette opiniâtreté à faire vouloir, cette ductilité à se faire vouloir.

A sa retraite, le contraste fut saisissant : M. Rouvier, plus brillamment doué, taillé pour la lutte, à en juger par les coups de poing dont il martelait sans répit sa large poitrine, et par les furieux défis de sa voix tonnante, ne voulut ni ne fit vouloir, voulut ce qu'il ne voulait pas, ne voulut pas ce qu'il voulait. Il ne voulait pas la séparation des Eglises et de l'Etat, et il la fit ; il ne voulait pas l'exécution sanglante des inventaires, et il s'y prêta ; il ne voulait pas l'indiscipline dans la flotte, dans les arsenaux, dans les régiments, dans les administrations, et il la toléra ; il ne voulait pas l'abandon de l'intérêt du Trésor par le l'établissement du privilège des bouilleurs de cru, et il l'accepta. Il nourrit l'anarchie de tout ce qu'il ne voulut point. Qu'y pouvait faire M. Sarrien ? Rien. Ainsi fit-il : ni mal, ni bien. Cependant l'anarchie s'était mise dans le ministère même, où il y avait trop de chefs, et pas un ; dans le ministère déchiré, tiré à quatre, jusqu'à ce que le Président du Conseil prît le seul parti qu'il pût prendre et désignât M. Clemenceau à la confiance de M. le Président de la République. « Cy finit » la triste ballade, et c'est ici qu'il faudrait écrire l'envoi : Prince du dilettantisme, de l'esthétisme, du dandysme anarchique… Encore, si nous étions sûrs que la ballade à l'abîme est finie !

Section III

Quoi de lugubre comme l'avertissement des cloches de navires, sonnant dans la brume, sur la mer, de tous les points de l'horizon, l'alarme partout éveillée ? On dirait qu'elles s'appellent et qu'elles se répondent : tantôt un gémissement venu de loin, du fond de l'inconnu ; maintenant, un sanglot tout près. On se sent, en la nuit ténébreuse, dans le mystère opaque du ciel et de l'eau, entouré d'un cercle de périls. Ce multiple et mouvant danger que les cloches crient, elles ne le créent pas. De même des tocsins d'anarchie. Ceux du Midi se sont tus. D'autres, — attendons-nous-y, — au premier accident, vont retentir encore, parce que le cercle de périls est tout autour de nous, et que ce qui s'est passé dans l'Aude, dans l'Hérault, dans les Pyrénées-Orientales n'est pas le mal, mais seulement une manifestation du mal. Si c'est là-bas que tout d'abord il s'est révélé avec cette acuité, il y en a plusieurs raisons, qui sont que c'est là-bas, dans le Midi surtout et surtout dans ce Midi, que, depuis tant d'années, les lois étaient comme si elles n'étaient pas, que se pratiquait, en toute liberté, le sabotage de l'administration et de la justice ; c'est là surtout que ni lois, ni administration, ni justice, rien ne restait debout. C'est ensuite que, le Midi étant plus particulièrement sensible à l'éloquence, la race y étant plus imaginative, plus impressionnable, ces provinces ayant de tout temps été pays de clientèle et de sportule, la « déformation latine » du parlementarisme devait y produire plus vite ses fâcheux effets. C'est enfin que, le Midi ayant plus que sa part dans la représentation nationale, et beaucoup de ministres en étant issus, il avait conçu d'immenses espoirs, s'était doucement habitué à spéculer sur « le miracle législatif » comme sur un bien de famille. Or, dès qu'il a été constant que le miracle était manqué, ce Midi halluciné, hypnotisé, a fait ce que font les Napolitains lorsque manque le miracle de Saint-Janvier, et que le sang ne se liquéfie pas dans l'ampoule : il a injurié le saint, tué le prêtre et brûlé la cathédrale.

Le même mal, tenant aux mêmes causes, peut, demain, se traduire ailleurs par les mêmes symptômes. Ni ces causes ne sont nouvelles, ni ces symptômes ne sont nouveaux. C'est en 1839 ou en 1840, sous le régime censitaire et avant l'introduction définitive du suffrage universel, que Tocqueville signalait, en s'en affligeant, « la mobile petitesse, le désordre perpétuel et sans grandeur du monde politique,... ce labyrinthe de misérables et vilaines passions,... cette fourmilière d'intérêts microscopiques qui s'agitent en tous sens, qu'on ne peut classer et qui n'aboutissent pas à de grandes opinions communes [9]. » Mais combien en un demi-siècle, et par le suffrage universel inorganique, ces travers se sont aggravés ! C'est en 1854 qu'Henri Heine écrivait des révolutionnaires de Février : « Les vainqueurs... n'ont pas tué l'ancien régime, ils ont mis fin seulement à sa vie apparente : le Roi et la Chambre moururent, parce qu'ils étaient morts depuis longtemps. » « La dent secrète des petites souris et des grands rats a rongé le fond du vaisseau d'Etat français. Il est irréparablement troué, » conclut-il [10]. Mais que de choses d'à-présent continuent aussi de vivre d'une vie apparente, qui depuis longtemps déjà sont mortes ! Et comme le trou s'est élargi depuis ce temps-là au fond du vaisseau de l'Etat ! M. le docteur Ferroul et M. Marcelin Albert eux-mêmes ne sont pas les premiers apôtres de leur sorte qui aient été salués des titres de « sauveur » et de « rédempteur. » Avant eux, Saint-Simon, Enfantin, Cabet, goûtèrent ces enivrements. Mais, tout de même, on n'avait pas vu depuis des siècles, en Occident, ces formidables mouvements de foules, grisées d'une surexcitation quasi religieuse, ces transmigrations dominicales de 500 000 ou 600 000 hommes !

Ancien en ses origines, le mal d'anarchie ne nous est pas non plus exclusivement propre. Ce qui nous est propre, c'est que, sans révolution et en période normale de gouvernement, — alors qu'autre part, s'il y a des forces de révolution qui agissent, contre elles se dressent les forces de gouvernement qui leur font obstacle et qui les arrêtent, — chez nous, les forces de gouvernement et les forces de révolution tendent déplorablement à se confondre.

Qu'on ne nous parle donc pas d'*anarchie spontanée*. L'anarchie où nous sommes n'a rien de spontané. C'est une *anarchie provoquée*. Elle n'est pas née de « l'ingouvernabilité » du pays, mais bien du non-gouvernement du gouvernement. Serait-ce tant mieux ? En sera-t-elle moins difficilement guérissable ? Les caractères en étant fixés, les causes isolées, les symptômes distingués, il faut, en tout cas, les reprendre un à un, et chercher, pour chacune des attaques du mal, le remède approprié. Sans doute, il est telles de ces causes, celles que nous portons dans l'âme et dans le cerveau, comme incorporées à notre être, et que nous ne pouvons supprimer que par la correction, par la transformation de nous-mêmes, il en est qui ne disparaîtront que péniblement, si même elles disparaissent ; mais il en est d'autres qui pourraient céder. Le suffrage universel inorganique est une des causes de l'anarchie : organisons-le ; la déviation du parlementarisme en est une : rectifions-le ; la confusion des pouvoirs en est une : faisons-les rentrer dans leurs cadres ; la prédication antipatriotique, la propagande de l'indiscipline, la contagion de la désobéissance en est une : étouffons-la. Par-dessus toutes les autres, la défection, la syncope du gouvernement, la perte du sens de la loi, du sens de l'Etat, bientôt, hélas ! du sens de la nation, en est une, la cause principale, la cause capitale : restituons-le. Laissons s'en aller où le flot l'emporte ce que Carlyle disait qu'est le gouvernement du Pas-de-Gouvernement 1 Et, quels qu'en puissent être les dépositaires d'un jour, si nous voulons vivre, — et c'est de vivre ou de mourir qu'il s'agit, — sachons nous refaire un gouvernement qui sache, lui, et qui veuille, et qui puisse être, comme il doit l'être, un gouvernement.

Notes

1. Traduction de M. Edmond Barthélémy, édition du Mercure de France, in-16.

2. Les Origines de la France contemporaine. — III. La Révolution, l'anarchie, tome 1er, 22e édition, in-16, Paris, Hachette, 1899.

3. Capitoli teorico-pratici di politica sperimentale ; 3 vol. in-8, Mantova. 1898.

4. Voyez Croquis parlementaires, par Sybil, 1891, in-16, Perrin.

5. J'ai jadis longuement tenté d'expliquer par quelles voies elle s'y est introduite. Voyez Sophismes politiques de ce temps, Étude critique sur les formes, les principes et les procédés de gouvernement, 1893, in-16, Perrin ; la Vie nationale, — la Politique, 1894, in-8°, Léon Chailley.

6. Voyez la Crise de l'État moderne, — l'Organisation du suffrage universel, 1897, in-8°, Didot ; l'Organisation de la démocratie, 1900, in-18, Perrin ; Un programme, et la Réforme parlementaire, 1902, in-16, Plon et Nourrit. La plupart de ces études ont paru d'abord dans la Revue même.

7. Voyez, dans la Revue du 1er novembre 1903, l'article intitulé : Où est le Gouvernement ?

8. Voyez, dans la Revue du 15 octobre 1904, l'article qui a pour titre : le Ministère perpétuel.

9. Correspondance du comte Alexis de Tocqueville. Lettres d'octobre 1839, des 14 juillet et 9 août 1840, du 24 août et d'octobre 1842, du 5 septembre 1843. — Cf. P. Thureau-Dangin, Histoire de la Monarchie de Juillet, t. VI, livre VI, ch. II, Les intérêts matériels.

10. Henri Heine, Lutèce, Œuvres complètes, t. VI.

ISBN : 978-1981451371

www.ingramcontent.com/pod-product-compliance
Lightning Source LLC
Chambersburg PA
CBHW070754260726
48660CB00007B/3110